TODEN NÄKÖINEN

Kari Kaukokari

TODEN NÄKÖINEN

RUNOMAANI

© 2016 Kari Kaukokari

Kustantaja: BoD™ – Books on Demand, Helsinki, Suomi

Valmistaja: Books on Demand GmbH, Norderstedt, Saksa

ISBN: 978-952-330-925-8

ALKU

Illalla pääskyset lähtevät
tuuli tyyntyy
meri aukeaa etelään
hiljenee.

Loistot syttyvät.

Seisomme sileällä kalliolla
vesi on mustaa
kylmää
kalat tekevät siihen renkaita.

Kaikki on vielä ehjää,
suhteita ei ole.

Mitä me odotamme?

Et sano mitään,
se on hyvä.

On paras vaieta
vasta ensimmäisen valheen jälkeen
rajat syntyvät
voidaan puhua totuudesta.

Pian sulut avataan
osat jaetaan helppoihin ja vaikeisiin
meri velloo, arpoo
ranteisiin sormiin nilkkoihin
hopeiset renkaat.

Alusta alkaen on selvää:
saat ne kaikki.

Voit valita.

Olet jotain taipuisaa
lapsi tai hopeakaivos
haet oikeaa vaihetta, suuntaa
tilaa tehdä.

Alat hahmottua.

Jatkossa kaikki on löydettävä itse
kehon lämpö, aukko kaislojen välissä
mahdollinen tie.

Jos puhuisit, kertoisitko
miltä tuntuu taittaa suora viiva
olla totta?

Et vertaa, olet taitava.

Jo nyt, ennen syntymääsi
osaat vaieta, kysyä
ei miksi tai miten, vaan
minne?

On pakko kulkea oikeaan suuntaan
kun tietä ei ole.

Mitä on edessä?

Joskus myöhemmin
kun olet jo elänyt
haluat uskoa;
olit kuningatar ja kampaaja
marketissa joku toinen.

Mikään ei ole varmaa.

Tulemme unohtamaan outoja asioita.

Silti jää kysymys
valopoijun keinuva varjo seinässä
puolikas perhosen siipi.

Minne me olemme menossa?

Pimeä väylä
jossain täytyy olla merkki.

Me odotamme jumalaa
tai kuningasta
kertomaan meille mitä on
mitä pitäisi olla,
nyt.

Hän tulee, aikataulun mukaan.

Kaksi kertaa päivässä
vaunuissa kristallia ja häpeää
hän ilmestyy
herjaa ja rukoilee
laskee alleen eiliset voitot
tahraa uuden lipun
pelipöydät vaihtavat hänen verensä.

Kukaan ei usko hänen tietävän
missä on hyvä.

Hän on helppo jumala, katsoo toisaalle
kun tie näytetään vain kerran
lapset muistavat valon kulkevan
idästä länteen.

Häntä seurataan, monet nauravat.

Meri kohisee
neljäs aalto on kaikista tosin.

Hän näyttää meille oikean suunnan
kertoo valheen
jonka tiesimme todeksi
jo ennen ensimmäistä matkaa.

Pian hän poistuu
hopeinen laahus perässään
lattia nousee ja laskee
saattojoukko nuolee valkoista vaahtoa
keulat käännetään
puukot kätketään eväslaatikoihin.

Me odotamme vielä.

Mitä tekisimme, jos joku pettäisi hänet
kertoisi tulevat ehdot?

Niin ei tapahdu.

Tavoite karkaa,
halu tietää olemisen suunta on väljä pimeys
väylä yöllä

oo
oo reunoilla mustaa

valo tuolla

oo
         valo tuolla
oo
oo

vain valo.

Tarina loppuu, kertoja vaihtuu
sanat ovat lähtemisen saumaton kehä.

KAUPUNKI

Kaupan ranta laiturin takana
köysi löystyy
aamun tunnit kirkuvat veneessäni
tuoretta leipää ja himoa.

Istut ohjauskopin keltaisessa valossa
kädessäsi kimppu eilistä
olet kaunis
sidottu ja vapaa
säälii kukkia, haluaisi nähdä
meren pimeät nurkat
kuulla pilvet
tuntea kivien hitaan liikkeen
mustan tervan katkun.

Ampua kaikki joutsenet.

Päivällä olen kaukana salmessa
valkoinen piste lähenee tajuttavan reunaa
päättää näkyvän.

Nälkä seuraa minua
sulkujen läpi uuteen maahan,
aina.

Haluaisin olla peili
näyttää kaiken, joka täytyy nähdä
kertoa kaiken, joka pitää kuulla
ilman yleistä vihaa.

Elää pohjaan asti.

Täällä pohjoisessa se on helpompaa
eläimet ovat terveempiä
rantavedessä näkyy särkikaloja
linnut pystyvät vielä lentämään.

Kuljen kaikilla rannoilla
satamissa kirjastoissa puistoissa
etsimässä sanoja.

Jokaisessa paikassa olen outo
musta tausta
ajatus ennen oikeaa paikkaa
väärään aikaan.

On kelirikko.

Mistään ei löydy ehjää lausetta
kertoa mitään.

Miten voi löytää oikeat sanat
erottaa mustan ja valkoisen
sietää harmaata?

Jos olisit täällä kokonaan
kertoisit sen.

Nyt joudun lukemaan kirjoja
kuuntelemaan valheita
kertomaan niitä
kaikille jotka eivät uskalla
kokea itse.

Monia asioita epäillään
ne kirjoitetaan tiedoksi kaikkiin listoihin
kukaan ei ymmärrä
rannan viuhuvassa tuulessa
nukkesi haluaisi puhua MINULLE.

Mitä ihmisellä on silloin,
kun sillä on jotain sanottavaa?

Nälkä?

Päivisin, kun meri pakenee kanaviin
täynnä nauravia lintuja
on helppo jäädä lukemaan vanhoja kirjeitä
jättää uudet avaamatta, antaa niiden virttyä
neliöiksi keittiön pöydälle.

Sama asia
kaikilla rannoilla, jokaisessa satamassa
samat sanat
pitäisi olla, yrittää olla
kevyt.

Ajaa kaupalle
käydä parturissa
ostaa lotto ja jokeri
pari kierrosta pajatsoa
köyhille ja sairaille
ei taida lantit pudota
kai kahvit sentään
pari kippoa peräöljyä
juttu luistaa
portailla painekyllästettyä puuta
haalistuu auringossa
jää sulaa.

Pieniä liikkeitä, pakosta.

Kuljen laituria edes takaisin
mietin mitä on,
mitä tapahtuu, kohiseeko meri
jos kukaan ei kysy?

Kurki huutaa, vaikenee, lentää 4500 km.

Jos painaa korvansa kotiloon
kuulee jotain tärkeää,
tai on hiljaa
makaa mullassa ristin alla.

Jotkut puhuvat yhteen ääneen
toiset vaativat
käpy putoaa, maa ei järky
mustarastas viheltää,
voi olla toisia tapoja.

Onko hiljaisuus aina sama?

Kesken kevään ensimmäisen lehden
herään taas
juoksen ulos kateutta kuplivaan ilmaan
haluan tietää mitä oli.

Kaikki puiston valehtelevat patsaat.

Tutkijan viimeinen haaste:
yksi vastaus liikaa
asiat kehittyvät, suhteet muuttuvat
kukaan ei huomaa kun totuus vanhenee
heitetään pois perspektiivin virheenä.

Eilen on.
Se on hakattu rannan kiveen.

Tänään oli.
Se on jo matkalla kiveksi.

Olet kaukana saaressa
yksin
toden liikettä kameran linssillä
lihaa ja merta.

Pitkien juovien päivä.

Pitäisi pakata tavarat
lähteä matkaan
päästä sillalle ja sillan yli
ottaa kiinni kaiteesta, näyttää myrskyltä.

Ei että joku katsoisi, ei tuulen takia.
Kumarrus on vain tapa
keino kertoa tietävänsä
että joku kuitenkin pysyy paikoillaan.

Se ei ole totta.

Jos jään seisomaan
ja yritän kuunnella itseäni
joku huutaa minua
aina jostain muualta, kaukaa
toiselta puolelta
ja kun tulen sinne
näen jonkun joka itkee
etkä se olekaan sinä
käännyn polkua takaisin
kiviseen ikävään.

Rallatellen, kevyesti.

20

Kaupunki kelluu vedessä
puiden oksilla sanat ovat hiljaa
ne odottavat lisääntymisen uutta vaihetta
seuraavaa myrskyä.

Se tulee yöllä.

Lyhdyt pyyhitään puhtaiksi
ovet lukitaan
kirjeet irrotetaan lintujen jaloista
kätketään laatikoihin
kyyhkyset nousevat ilmaan
ne huutavat petettyjen kirkuvaa vihaa
juovat itsensä humalaan
täysistä rännisaaveista.

Risteytyvät tuuliviirien kanssa.

Kaduilla kuunnellaan outoa ääntä,
hukkumisen vaimeaa kohinaa.

Kirjani on epäsikiö;
päivällä se upotetaan valkeaan untuvaan
öisin sitä luetaan salaa
palvotaan kuparin mustalla pinnalla.

Tänä vuonna näitä öitä on paljon
ne alkavat jo ennen iltaa.

Ne tulevat kuin juna pimeästä
puun musta veri
nostureiden varjot laitureilla
rekan valot
kattojen päällä salaman

isku.

Ajatus siirtyy toiseen moodiin.

Mitä kirjoitan
jos kirjoitan totuuden?

Pitää myöntää yhteisen mitan rajat;
halu herättää muut näkemään kahdet kasvot
on vain itsensä pettämistä
peilille opetettu taipumus
yritys olla ehyt.

Tyynet yöt ovat pahimpia;
valoja siirrellään, viittoja katkotaan
sanoja viilataan
kahleet unohdetaan laiturille.

Meillä ei enää ole tilaa
luvata mitään.

Aika on jo kulunut lähelle reunaa
sen tynkä repii silmät
niiltä jotka lukevat valheita huulilta
katsovat merelle liian pitkään
avaavat ikkunoita huoletta.

Jotain on tulossa
mutta sitä ei huomaa.

Elämää asteikon lopussa.

On pakko tehdä jotain
leikata oppaalta kieli
lähteä matkaan
löytää kantava aine.

Haavereita on yhä enemmän.

Jo kolmannen kerran tällä viikolla
joku ymmärtää asiat väärin
lähtee väärään suuntaan
eksyy, joutuu harhaan
poiju kurkkii kulman takaa
potkuri ei löydä pitävää vettä.

Veneen kylkiluut katkeavat
kivi levittää ne kasoiksi lahden edustalle
rakentaa lähdölle uuden esteen
eteisen kirjavalle matolle.

Liikaa pimeää
                    tai häikäisevä valo.

Pelkkää sattumaa
                    tai suunnitelmaa muutettu.

Jumala unohdettu
                    tai väärin rukoiltu.

Illalla meressä on jotain outoa
vaahto pakenee selälle
tuuli kääntyy
rantaan kertyy kuolleita Phocoenoja
aallot varovat sanomasta mitään.

Näen keltaisen unen.

Raskas askel
oranssiin maahan kuluneet vuoret
kuiva tasanko, tyhjät solat
kypärästä heijastuu sininen
Arcturuksen valo.

Outo tunne:
tässä rotkossa olen ollut ennen
nyt en ole täällä

yksin.

Valvomosta viesti: vaara CAS 7783-06-4
käsky palata takaisin on jaloille helpotus
ollaanhan jo melkein
Jurmossa asti.

Aamulla olen enää harhaileva katse
varjo lattialla, vino pinta
ilman kynää
pöydällä on jäänteet
eilisestä uskosta
ovelta kuuluu koputus
lyhyt askel, vieras sana
tiukka käsky
ovi aukeaa
tuvan tiilimuuri huojuu
meri kiipeää ylimpään kiveen.

Ääneni on kirkunaa.

Keittiön avoimessa ikkunassa
lintu laulaa
lautta kulkee verhosta toiseen.

Sanat vierivät kaiteen yli mereen
takaisin alkuun.

Saaren yllä sateen helma
        sikkuralla salmen suu.
Kohtalainen kuvaelma
        - kohta jotain tapahtuu.

Olen oikeiden sanojen väärä mitta,
käyn läpi kaikki asteet.

On aika ottaa kori ja lähteä,
poimia taivaalta
        kanttarellinkeltainen kuu!

Kuljen kaupungin viimeiseen reunaan
yritän kuulla mestarin äänen.

Luodolla hukkasin riimin
        sen taakse kylmin jaloin ja rukkasin hiivin.

Turhaa vaivaa
        se lähti lentoon valkoisin siivin.

Niin.

Ei kannata kumartaa mennyttä valtaa
kuningas ei kulje ohi, kerro samaa valhetta
toista kertaa.

Sitä paitsi
kuningas on kuollut.

Perillisten sanat ovat väreitä puroissa
ne liikkuvat vilkkaasti, mutta eivät puhu merestä
ne laskevat mereen.

Silloin on jo myöhäistä tajuta
kertoa mitään.

Avaan oven, lähden töihin
ajattelen jotain.

Haluaisin löytää tien tähän päivään
ymmärtää ne merkit, jotka tunnen
kuulla ne sanat joilla olet jo puhunut
kertonut minulle.

Aamuruuhkassa se on vaikeaa.

Valot vaihtuvat, ääniä kuuluu
vieraat pysyvät toistensa takana
tutut kulkevat ohi
asioita mainitaan, muisti tyhjenee
verukkeet loppuvat
ranta houkuttaa menemään puotiin
ostamaan ehjät saappaat.

Päivällä olen jo matkalla.

Keltaisella lossilla
tiira kirkuu, pysäkki hyppää
ajatus katkeaa
äkkiä se on toisella rannalla
yrittää tarttua uuteen pintaan.

Luodot kelluvat
majakat erittävät kitkerää savua.

Enää ei voi kääntyä
ranta pakenee, toinen lähenee
vesi kuplii
vanha elämä juoksee kaiteen alla.

Muistinko ottaa
uuden avaimet naulasta?

Pilvet kulkevat
kivet pysyvät, on tyyntä
levä kuivuu auringossa
aaltoja ei synny.

Merkkivalot palavat, lokki huutaa
laiturille kertyy hiekkaa.

Kannan tavarat puomille.

Lossi vilahtaa luodon takana
häviää sumuun
sorsa kiskoo pohjasta ruohoa
polkee paikallaan.

Asioihin ei saa vauhtia.

Vene on mukana juonessa
se makaa heinikossa
tarttuu mutaan, vuotaa
hankaimet kitisevät
moottori ei käynnisty.

On pakko jäädä.

Monta kevättä
montako

en muista.

Päivän aamu on toukokuuta
Rantakadun kulmassa
tuoksuu paahdettu leipä ja sipuli
me olemme keltaista mahlaa.

Sumusireeni laulaa saarnipuissa.

Kivijalan lämpimässä kyljessä
vuoden ensimmäisen päivänvarjon alla
ehdotan sinulle elämäni
toisen kerran.

Se on aika vähän.

Pieni saari ja savusiikaa
joskus harvoin
                kanttarellikastiketta.

Näissä oloissa kuitenkin
aika paljon.

Ainakin hiukan enemmän
kuin ennen.

Uskoisin.

Meri kohisee
mustarastas laulaa pensaassa.

Miksi?

Se kuuluu sen luontoon.
Sille on suotu laulun lahja.
Sumusireeni on hiljaa.
Se kuuluu suunnitelmaan.
Se on sattumaa.
Se on todennäköistä.
Joku kuulee laulun.
Kysymys on mieletön.
Laulaako se?
Minusta se viheltää.
Onko se pensaassa?
Rannassa ei ole puita.
Mitä väliä sillä on?

Etsimme paikka jossa voisi olla
koti.

Saarnipuita ei enää ole.

Jokainen ranta linnoitetaan
kivisin kotiloin
3D CAD
elävä kierre avataan
peitetään valkoiseen sepeliin
4W CAT

Autotie perille, sähkö
osuus yhteisiin
näköala, resort

loft.

Puut jauhetaan parketiksi, kalliot hiekaksi
rantatiet puomitetaan
perhoset häädetään
kaislikot ruopataan kiviseen pohjaan.

Tuskainen huuto vaietaan
lasiin ja betoniin.

Jonakin päivänä pulloposti saapuu.

Sinä joka luet tämän viestin
pelkoa tihkuvan päivänvarjon alla
pikarissasi PUHDAS vesi.

Olemme mitanneet elämäsi,
se päättyy ensi torstaina.

Maailma on jo antanut sinulle sen
mitä köyhät voivat antaa:

hiilikuituisen jigivapasi 6 ft
kumiset kalansyöttisi
Yömasu moottorisi 300 hp DTOL
9" tablettisi
grillaavan mikroaaltouunisi.

Kukaan ei kerro sinulle, ei voi kertoa
mistä löydät

pihlajasta vuollun saittasi
takapihan kasteiset onkimadot
puiset airot
Karl Mayn Winnetoun
tulitikut.

Me istumme sataman aulassa
katsomme lähtevien huojuvaa jonoa
nukkesi on hiljaa.

Lahdella ruoko heiluu
viittoo aamua
painumaan takaisin yöhön
me kuuntelemme
sataman kohinaa
puistossa
orapihlajan takana
laitureita
vieraita sormia
ne ojentuvat kohti
rautaista lenkkiä
koskettavat
multaa puisessa laatikossa
ilman kukkia.

Me pyydämme kuningasta odottamaan
kertomaan toisesta maasta
olemaan lähtemisen pyöreä syli
puhumaan totta.

Meillä ei ole rahaa.

Me emme pääse hänen mukaansa.

Kuningas ei ota meitä mukaansa, mutta hän tekee meille tarjouksen; jos allekirjoitamme vaitiololupauksen ja käymme läpi vaadittavan C3 -tason koulutuksen, meidät kiinnitetään PROBSEC -projektiin.

Projekti käynnistettiin 2000 -luvun alussa puolustusministeriön ja Valtion Turvallisuuskeskuksen yhteistyönä. Sen budjetti on salainen, mutta lienee luokkaa 5 milj. € /vuosi. Siinä työskentelee kymmeniä ihmisiä, mutta vain muutama johtotason henkilö tietää sen todellisen tarkoituksen.

Kolme vuotta kestäneen esiselvityksen jälkeen hankkeen kohteeksi rajattiin tietty alue Saaristomerellä. Alueen pohja tutkittiin viistoluotaimella ja sedimentit analysoitiin 1,5 m syvyydeltä yhteensä 225 km² alalta.

Mahdollisia paikkoja löytyi kolme: Lemskär, Sunesö ja Friskär.

Lemskär hylättiin geografialtaan liian matalana – se ei kestäisi yli 1,2 m pinnannousua eivätkä sen sisäosat pysty varastoimaan riittävästi sadevettä. Sunesön viljelymahdollisuudet ovat rajoitetut eikä lähellä ole myöskään hyviä kalavesiä. Lisäksi sen luoteisranta on lähellä Torsholman syvännettä, joka virtauksien voimistuessa muodostaisi uhan saaren eliöstölle.

Jäljelle jäi Friskär.

LÄHTÖ

Joen suu, kuivat kaislat
polku vähän ennen kun meri alkaa.

Lokin huuto, nosturi laiturilla
vaijerin kolina.

Mutaan kaatunut puu.

Kävelemme kaikkien asioiden ohi
mietimme tätä matkaa.

Se voi loppua, avautua jonnekin
vierähtää toiseen paikkaan
sieltä ei enää voi palata takaisin
omia jälkiään

Kärsivien loputtomat jonot.

Ehkä ne pysähtyvät
eivätkä enää seuraa meitä
jos tajuavat
mikä meitä ajaa.

Katselemme salmen yli, on tyyntä
kallion tumma reuna
valo mastossa
ruohot pistävät reikiä veteen.

Jos lähtisi nyt, niin ehtisi kauas.

Voisimme pakata keskilaatikkoon
vain sen mitä tarvitaan.

Mukana on silti aina salamatkustaja.

Se tulee veneeseen kun lähdetään
imeytyy penkkeihin, keikkuu laidalla
nukkuu hiljaista unta
keulapiikissä kannen alla.

Kun tullaan perille se herää
hyppää maihin ensimmäisenä
lörpöttelee kaikki asiat
lupaa liikoja, kehuu
tahtoo tietää jäämisen ehdot.

Väittää kulkeneensa harhaan.

Pitää kerätä eilinen rohkeus
avata puomi
lähteä aikaisin ja hiljaa.

Olemme kasvaneet liian kauan,
pelänneet.

Saaret kelluvat
ne ovat kalpeita varjoja
kuolleita pisteitä silmissäsi
paikkoja olla hetki.

Ehkä jostain löytyy syy
päätyä jonnekin.

Joskus.

Me lähdemme aamulla.

Lasi ja teräs nukkuvat vielä
ne heräävät vasta kun kaikki sulaa
köydet irtoavat
maa on vapaa liikkumaan.

Pääsemme aukolle, tuuli nousee
meri on vaakaan laskettu seinä
laivat lentävät sen yli.

Sinussa on monta muotoa.

Nouset kannen viileään ilmaan
katsot taaksesi
rengas nilkassasi kiristyy
suljet kaikki luukut.

Olitko vesi,
kuulitko jään tulevan?

Helppoa matkaa hyvässä tuulessa.

Tunnet reitin kaikki vaiheet
matalikot, kivet
löydät tien karien ohi
uuteen kotiin.

Sinne on
viimeisen viitan jälkeen
vielä matkaa.

Friholmin suntin takana vesi tummuu
tyyntyy
mittarit näyttävät odotettuja lukuja
ahvenruoho nousee pintaan.

Illan viimeisessä ohuessa valossa
me näemme tuulen

kuulemme värit

jossakin edessä aalto kiehuu, murtuu
kiviseen matalaan.

Ranta lähenee
kompassi kääntyy, pyörii
kaiku huutaa
havahtuu huomaamaan oudot kivet
ne ovat paenneet laivoja
jääneet kasaksi lahden suulle.

Kiroan kovaan ääneen
poiju tärisee, vajoaa pohjaan, alkaa kaikua
meri nielee sanat.

Aaltojen väli kasvaa, levenee
viitat keinuvat.

Käännän jyrkästi oikeaan
vene epäilee hidastaa pysähtyy
kääntyy poikittain
moottori yskii, savuttaa
tuntuu löytävän uuden syyn
jatkaa vielä hetki
matala lähestyy
vesirutto syö valkoista potkuria.

Vielä vähän
tuskaa
ja olemme perillä.

Mitä pitäisi tehdä nyt
kun matka päättyy
saavutaan uuteen rantaan?

Kun pinta alkaa säröillä ja heilua
mikään ei kuvastu
eikä kukaan odota, piirry esiin
kerro koko totuutta
toivota mitään.

Epäröit.

Uskallammeko myöntää
ettei mitään ehkä ole
mikään ei vastaa odotuksia
johdu niistä.

Voimme vain kysyä

mitä näemme tänään
minne tie loppuu
miksi vesi ei pysy paikoillaan
mikä on joutsen?

SAARI

Meidän saaremme on etäinen piste
Friskärin selällä, sen etelälaidalla
59.997504
22.054706
kaukana onnellisten saaresta.

Sen niityillä siniset perhoset
ovat vaiti.

Siellä tuulee.

Me istumme laiturin portailla
syömme mustaa leipää, silliä ja munavoita.

Hymyilet.

Täällä meillä on kaikki
pienessä pajukorissa kevyen kannen alla.

Jos me haluamme nähdä jotain
jota täällä ei ole,
jos me haluamme raottaa jotain
jota ei haluta näyttää,
siihen meillä on paikka
korkealla kalliolla
Friskärin mäen päällä

Se on majakka.

Sitä ei koskaan ole nähty
sinne ei kulje polkua
sitä ei ole kartoissa
siitä ei kukaan ole kuullut mitään.

Sitä ei ole.

Silti me nousemme sinne sunnuntaisin
kaiken odotetun ylle
katsomme taakse
kysymme, mitä on edessä.

Täältä voi hyvällä säällä
puhtaalla kuivalla aurinkotuulella
nähdä olemisen kaikki asteet
saada ohjeet kulkemiseen
siltä, joka vastaa arkisin.

Se ei ole mahdollista.

Se voisi olla mahdollista vain
jos tässä olisi kirkko.

Ja me uskoisimme jumalaan ilman lintuja.
Ja voisimme nähdä vastausten pienet säröt.
Ja tuntisimme painon allamme.

Me emme halua
helppoa matkaa.

Me etsimme paikkaa
löytää pyhän arkinen totuus
kaiken teoria.

Kävelemme saaren ympäri
haluamme ymmärtää
tavata kaikki toiset
olla tutut.

Osaamme tutkia, selvittää syyt
löytää oikeat osoitteet.
Silti kukaan ei tiedä, mihin valo on matkalla
mitä pitäisi tehdä ensimmäiseksi
miten kohdata linnut.

Totuus on verkko.

Mitä sanoisit, jos rengas kiristyisi
pysäyttäisi aallon paikoilleen
muuttaisi muotoa
erottaisi merestä neliön?

Onko joku totta, $E = mc^2$?

Kuinka voi tuntea kaikki tilat,
kertoa toisen itsellään?

Verkossa on sokeita silmiä.

Saaressa on polkuja, joita kukaan ei näe.

Ne antavat tilaa muille
kuka tahansa voi kulkea ohi
olla vieras
katsoa toiseen suuntaan
tehdä jotain muuta
tavata jonkun toisen.

Tapahtuu asioita, joita ei voi käsittää.

Muna voi muuttua linnuksi
viiva tauluksi
ehkä kivi kohtelee kukkaa hellästi
perhonen halkeaa kahtia.

Osaisinko lentää
jos olisin vapaa?

Illalla kuljemme portaat alas rantaan
tapaamaan toista jumalaa
toiselle kalliolle
toiseen paikkaan
olemaan toisia
katsomaan toisaalle.

Siellä ei ole mitään.
Ei ketään.

Ei suunnitelmaa,
ei seinää piirtää jumalaa.

Vain liike.

Täällä lupaukset ovat turhia
laskevan valon punaisessa rätinässä
kukaan ei kuule
kaikki muuttuu liikkuu pakenee
pitkät aallot, valkoiset laivat
pienin kaikessa lähenee liikettä
on liike.

Ympyrä kääntyy, reitti sulkeutuu.

Ei armoa tänään.

Aalto on vaihe.

Se ei tule, se ei mene
se vain nostaa päänsä
katsoo mitä tapahtuu
palaa takaisin.

Joku upottaa laivan
toinen kuljettaa haahkan untuvaa
pysähtyy pehmeään hiekkaan
huuhtoo varpaitasi.

Jonkun tila on ulapalla vielä vajaa.

Joskus se ei lainkaan ala.

Jos olisit aalto
epäilisit annettuja asteita, tiloja
jäisit vellomaan lahdelle
kysyisit rannalta
miksi särkyisin tänne?

Odottaako minua joku?

Valo alkaa vähetä
iltapäivän aikana aallot kasvavat
meri sulkee tiet
pilvien ympärillä on ahdasta.

On vaikea tietää
miksi jatkaa
kuinka pitkiä askeleita ottaa
miten korkealla lentää.

Kalliosta saveen on pitkä aika, lyhyt matka
jyrkkä polku alas rantaan.

Joku on joskus kulkenut sen
raskain jaloin, miettinyt huomista
seuraavaa askelta
jäänyt katsomaan kylmiä aaltoja
mustaa vettä
sirrin sulkaa kivellä.

Tehnyt päätöksen.

Aamulla ajat salmelle
silakkarysä on tarttunut pohjaan.
Sukellat katsomaan toista maailmaa
siellä on jotain terävää
se haluaa rikkoa
vanhat luulot
sopia asioista uudestaan.

Et anna sille tilaa.

Uusit aidan, korjaat liinan
keräät kaarnanpaloja koriin
löydät niistä merkkejä
ne on kaiverrettu ennen kun mitat syntyivät
aikeet jaettiin oikeisiin ja vääriin.

Kannat korin rantaan,
sytytät tulen.

Olet varma, että teit oikein
kun jäit.

Tiirat palaavat kivelle
aurinko nousee.

Kuumennat ritilät tiettyyn asteeseen
kaarna palaa uunissa.
Kannat laatikoita, asetat kalat
kevyesti
hellästi,
hiukan liian tiheään.

Tunnet olemisen vaiheet, et niiden rajoja
et välitä niistä.

Savu peittää saarnipuut.

Avaat kannen, sammutat tulen
olet valmis
haet paperia vajasta.

Tuot minulle tuoreet sanat
hion niistä tekstin
kauniin valheen, pyöreän kiven
se houkuttaa
sokaisee
hiertää kämmentäni päivästä yöhön
epäilyttää
kertoo leppälastun tuskan pellillä
toisen totuuden
tarinan oudolla kielellä.

Ymmärrän sen vasta, kun sinä olet jo unohtanut
palaat torilta, tuot uutta.

Muistit suolan.

Olemme olleet täällä

jo kauan.

Muutos alkaa maanantaina.

Sen kuulee kun Myllylahti kohisee
vaahto kasvaa rantaan, kurjet huutavat
lumikellon sipuli tikittää.

Se kiehuttaa lammikot tyhjiin
avaa padot, taivuttaa puut
polttaa kuivan ruohon.

Tuuli yltyy
selällä riehuvat suuret valkoiset eläimet
pienet heräävät, liikkuvat
lähtevät koloistaan.

Kevät.

Hiot keittiön portaat, käännät veneen
haet vajasta tuoreen tervapurkin
avaat kaikki luukut.

Pähkinäpensaat kukkivat.

Pensaikko kohisee
aallot tulevat, keinuvat
silmissä tuntuu ohut värinä
läpikuultava liike.

Ilo.

Näin sen jo eilen;
kun meriharakka käveli kaiteella
pysähtyi ja nauroi lihavaa kuoriaista
sen sateesta kiiltävää pintaa.

Odotan.

Tänään, tässä voi syntyä alkaa jotain
joka jää jäljelle
heti kun sade loppuu
sen tuntee kun airo kolahtaa
ongen koho uppoaa.

Voi olla.

Pitää vain löytää oikea vaihe
avata kuori
pysähtyä ilman suojaa, keinua
olla kesken.

Meillä on toinenkin paikka
kuvitella kaiken yli.

Se on lintutorni.

Ensin tulee
yksinäinen helmipöllö.

Se vilkuttaa silmäänsä
ohikulkeville laivoille.

Sitten muutama haahka
laskee vatsansa kivelle.

Kateutta kirkuvat lokit,
no niitähän näkyy aina.

Sadat kirjavat hanhet
kaiken täyttävä meteli.

Kasa punaisia haapanoita,
pienet hiljaiset vihellykset.

Alimmaisina ovat joutsenet.

PROBSEC BE.112 SALASSA PIDETTÄVÄ ASIAKIRJA

VALVONTARAPORTTI   A166

FRISKÄR II /KOHDE C22.21 /C22.22 /CD22.spc

Vartiovene VL2 suoritti ohjelman mukaisen Friskärin ohiajon perjantaina 1.4. klo 11.15.

Kaikki kolme kohdetta näkyvillä, näyttävät hyväkuntoisilta, CD vilkuttaa laiturilla. Vene rannassa, verkkoja kuivumassa, savustuspöntöstä nousee savua.

Ei erityistä raportoitavaa.

Lämpötila +11 C°, tuuli etelälounaasta 6 m/s, ilmanpaine 1015 hPa, vedenkorkeus + 85 cm, $H_2S = 0,25$ mg/l.
Ei vesiliikennettä.

Ltn Markus Holmberg
VL2

Saaren takana on kirkasta utua
kuplivaa pintaa.

Lahdelta kuuluu ääniä
jotain syntyy
tai ehkä jokin taipuu,
hyväksyy uudet ehdot?

Jäät lähtevät.

Paikkaat verkkoja, neulot liput
vanhat poltetaan
pelästyt mustaa rantakäärmettä
äänesi on lokin huuto luodolla.

Ei, se ei vastaa, ei ole sama.

Jos ei osaa odottaa
joutuu kehään
kokemaan samat asiat
aina uudestaan.

Pitäisi sulaa, varautua
olla osa.

Jää painuu, mustuu
lautat kolisevat karikolla.

Selällä on tummia läikkiä, pehmeää
kevyttä kovaa rouhetta
keltaista valkoista sinistä kirkasta
kun kaikki hajoaa.

Ruovikko heiluu
vesi tippuu valuu juoksee
täyttää ojat
kasaa hiekkaa polun varteen
paimentaa niityn.

Muistatko toisen päivän
viime syksyn
linnun joka lensi
pilven yli toiseen maahan?

Vaikea uskoa, että nyt se palaa
kuuntelee merta, kolkuttaa
lähtee pois.

Ei ole vielä huhtikuu.

Heräämme vaaleuteen.

Joku on käynyt yöllä
paistanut ahvenia tikussa
juonut tölkistä olutta
kaatanut pihakeinun.

Kaiteeseen on sidottu pajunoksia.

Kuljen alas rantaan,
kissa juoksee polun yli.

Ei voi tietää, mitä tapahtuu.

Ilma on kevyt, poreilee
kurjet lentävät
rannasta kuuluu ääniä.

Laiturilla on tyhjiä mukeja
vavoissa liehuu värikkäitä höyheniä
penkillä nukkuu joku.

Se kulki ohi, hyvä tuuli
nauratti hetken ja häipyi
toisiin saariin.

Ranta narisee, pärskyy
linnut kylpevät kivien välissä
tuuli pehmenee
merellä vilkkuu valo.

Portaat kolisevat, oveen kolkutetaan
joku pyrkii sisään
haluaa kertoa mitä on nähnyt
Holmin vajan takana.

Kevät on tullut.

Lounaistuuli on täyttänyt lahden
ruoho laskostuu, vesi kuplii
rantapajut pölisevät
selältä kuuluu kimeitä huutoja.

Kuningas on ajanut karille Tiiraluodolla.

Meidän pitää hakea köydet
tukkia lahden suu, peittää korvat
sammuttaa valot
teroittaa seipäät, hioa kirveet
tehdä tilaa vajoihin.

Pilvet kulkevat ohi
selällä sataa ohutta tihrua
luoto kirkuu.

Kuu on taivaalla koko päivän.

Päivällä saapuvat joutsenet
valkoiset laivat
pelto on niille joutomaata
tila unohtaa vanha suunta
laskea toinen.

Selaamme almanakkaa;
kyllä ne tulivat ajallaan.

Niitty lentää.

Näihin aikoihin on tapana siivota
ajatella pitkiä aikoja
kerätä risuja
lähteä hakemaan niitä
matkojen takaa.

Haluat pohjoiseen!

Matalia puita kuivassa rinteessä
rikkinäinen kallio.

Tuuli käy etelästä
koloissa on jääpaloja, ne häviävät
kun aurinko polttaa veden
kuivaa kiven.

Kirkasta lasia rannalla.

Sen sisällä on jotain valkoista,
kaukaa tullut viesti.

Hauras yritys.

Jos viesti haihtuisi, jäisi vain tyhjä pullo
ja sekin voisi hajota
palata tyhjään.

Emme saisi tietää
kuka puhui
mitä meille yritettiin sanoa.

Kun pensaikko kohisee, ja meri
voi löytää paikan
jossa kaikki on tasan
ei kuulu mitään.

Pilvet ajautuvat lahdella.

Kaikki mikä on ollut toista
muuttuu itsekseen.

Niin käy joskus
kun yksi on valmis lähtemään
ja toinen odottaa
lupaa tulla takaisin.

Kannat laatikot vajaan.

Lähdet.

Koskaan ei kukaan
ole ollut niin lähellä kuin sinä
olet minua.

Valo jää pilven taakse
kokoat telineen, viet taulun vajaan.

Portaat natisevat
puu notkuu saappaan alla
tuore ruoho
ei pelkää tuulta.

Et saa ovea auki,
lukko on jumissa.

Voi sattua, että kaikki pysähtyy
ettei mikään saa tilaisuutta avautua
pehmentyä, kellastua
muuttua
olla oma itsensä.

Haet öljyn, avaat oven
alan oivaltaa, että on tarpeen nöyrtyä
tuntea meren muoto
unohtaa viiva.

Huomata taipumukset,
tuoda ne valoon.

Nyt emme enää jaksa
kiivetä torniin
kokea levästä raskaita verkkoja
selata tyhjiä sivuja.

Kevät puhdistaa ilman,
sattuma on sarana ikkunassa.

Hanhen huuto irtoaa kevyesti
tiheässä pajukossa se lävistää sinut
vesijättö kohisee
ruskean tuulitakin läpi
kylkeesi kasvaa pörröinen kukka.

Menet laiturille piirtämään
maalaat pieniin punaisiin saappaisiin
pyöreät valkoiset pilkut
pitkospuille, pikiteille
kulkemaan.

Suunta, muoto, tarkoitus?

Olen avoin meri
rengas nilkassasi
et tunne muiden katsetta
silmää selässäsi.

C22.21 /FRISKÄR II

Ohessa lupaamani väliraportti.

Perjantaina 13.11. Tiirakiven edustalla ajoi karille Cabernet & Sauvignonin lipun alla purjehtinut 3680 bruttorekisteritonnin kuivarahtialus Mylvikki. Sain käsiini rahtikirjan ja sen mukaan alus oli matkalla Italian Lampedusaan ruumassaan 122 540 erilaista suomenkielistä sanaa ja niiden sijamuodot. Ne oli tarkoitettu jaettavaksi EU:n eteläisen alueen vastaanottokeskuksiin kulttuuriseksi pelotteeksi ja ympäristöperäisen maahanmuuton hillitsemiseksi.

Välimerkkien määrästä ei lastiluettelon puutteellisuuden vuoksi ole tarkkaa tietoa.

Alus sai vakavan vuodon ja suurin osa lastista joutui veden varaan. Koska laivalla epäiltiin olevan myös ympäristölle vaarallisia sanoja, paikalle saapui Varsinais-Suomen Aluepelastuskeskuksen totuudentorjunta-alus Turso II. Se puomitti alueen, mutta tilanahtauden, veden korkean fosforipitoisuuden ja hapenpuutteen vuoksi kaikki puomitetulle alueelle jääneet sanat menehtyivät.

Pelastuneita ajautui päivän kuluessa Friskärin lahteen, josta keräsin niitä säkkeihin iltayöllä. Monet olivat vakavasti loukkaantuneita ja hypotermisiä. Vein sanat sisätiloihin ja annoin niille välittömästi CERVICIA GALLUS 8 x 33 cl alumiinipakkaus 50 ml tavun painoa kohti iltaisin notkistukseen. Katson olleeni oikeutettu tähän, sillä tunnen vastuuni.

Henkiin jäi kaikkiaan 8701 sanaa ja olen nyt käyttänyt ne kaikki. En palauttanut niitä, vaikka tiesin, etteivät ne ole omiani. Tässä ovat viimeiset.

En kadu.

Kesä tulee
taivas on sininen
ja kova.

Tapahtuu monia asioita,
syyttä.

Pilvi törmää valomaston huippuun
siitä jää valkoisia riekaleita
riippumaan rautaisiin palkkeihin
vasta syksyllä ne kuluvat pois.

Aurinko kuumenee
terva kiehuu kaiteella
kuplii.

Meri ei silti haihdu, valu tyhjiin
se vain ohenee
lakkaa kantamasta
niitä jotka eivät huomaa
jään jo sulaneen.

Tänä keväänä ei kukaan hukkunut.

Istun rannalla, katselen salmen yli
onnellisten saarta.
Sen takana näkyy väylä
tuttu reitti
poiju, viitta ja luoto.

Sadekuuro lähenee, menee ohi.

Miksi pitäisi nähdä kaiken taakse
uneksia
istua kivellä, kiusata itseään
vierailla laivoilla?
Ne vain ajavat saman reitin
tietyin välein
palaavat aina satamaan.

Eikö voisi katsoa lähelle
myöntää mitä on
kulkea rannalla, ajatella muita
tuttuja lintuja?
Ne lentävät kaikkiin suuntiin
jos tahtovat
jäävät omille teilleen.

Aiotko lähteä?

Jos kulkee saaren päähän
ja katsoo merta, voi luulla
että kaikki päättyy tähän
enempää ei tule.

Niin ei ole.

Maa loppuu, mutta meri ei ala
se vain toistaa itseään
jälkiä joita jää pilvistä
kun pisara putoaa veteen
palaa takaisin.

Merenkävijäkään ei matkaa mihinkään
hän vain nostaa ankkurin
kulkee jonkin reitin,
käy merellä.

Ehkä me pääsemme perille
jostakin
tai uppoamme tähän
jäämme odottamaan jotain
joka ei koskaan tule
vastaan.

Kävelemme polkua
linjataulu tekee raitoja
valkoiseen takkiisi.

Kallio on sateesta liukas
musta
kaadut, koet maan vapaan painon
kivun nilkassasi.

Linnut näkevät kaiken toisin.

Miten voi kohota kaiken ylle,
päästä irti tuskasta?

En osaa tehdä mitään.

Pitäisi astua vakaasti
kulkea kevyesti
löytää oikea suunta
poimia taivaalta tyhjät aukot
jo hävinneet pilvet.

Päästä valoon.

Huomaan sen aamulla;
seinä on maalattava.

Kohaus käy lahdelta, yllättää
osuu siveltimeen
pisara irtoaa, lentää nurkkalautaan
jättää siihen punaisen viirun.

Pieleen meni.

Jos jaksaisin, tekisin tiliä
työni kanssa
opettelisin katsomaan väriä
kuin se olisi kirjava lintu
joka ei laula häkissä.

Jos et palaa.

Voin olla vapaa kaikesta
kulkea edes takaisin
koko päivän
tietämättä missä on meri
tai lintu,
perhonen.

Tuuli on niemen kärjessä erilainen
siinä tuoksuu suola
kalliolla kuivunut mänty
ohi kulkeminen.

Odotamme.

Ehkä se tulee tänään
laiva josta olemme nähneet unta
mutta joka aina on haihtunut
uuteen päivään
muuttunut valkoiseksi linnuksi.

Siitä ei ole voinut puhua
ennen
tosissaan
yhteen ääneen
vakavasti,
ei ehkä koskaan voi.

Tuuli tyyntyy, häviää
istumme keittiössä
hiljaista juttelua kahdestaan
vilkaisu selälle.

Valkoinen laiva ...

Aurinko nousee, kirkastuu
saaren taakse ei näe.

Tyynellä lammella
telkkä sukeltaa johonkin
palaa takaisin.
Sinunkaan ei tarvitse pelätä
paeta kankaan taakse
teräviä silmiä.

Olet kaunis.

Laiturilla on jo kuuma
kallion juova oikenee, valuu veteen
värit sulavat kaiteella
kuva haalistuu
katoaa helteiseen ilmaan.

Uit heinälammen keskelle
kellut selälläsi
keltainen nauha hiuksissasi,
ulpukan helmi.

Istut rannalla, piirrät kuvaa
jälkeä hiekkaan.

Et vielä tiedä, mitä se esittää
paljonko se kertoo
löytyykö totuus
vai meneekö aikasi hukkaan.

Ehkä tapahtuu kumpaakin;
olet arvaamaton.

Yrität kertoa jotain
niille jotka eivät tajua
että pitäisi nähdä kuvan yli
pinnan alle
seurata mitä tapahtuu
itsessään.

Etsit oikeaa tapaa
keinoa purkaa aitoja
osia mielestäsi.

Kangas venyy, ei riitä
kuvaamaan kaikkea mitä haluat
et tavoita meren muotoa
piirrät vain viivan.

Haet uutta kulmaa.

Makaat laiturilla, taivas on alempana kuin luulit
katsot sitä toisin silmin
sormien välistä.

Korento lentää kaislikossa.

On liikettä kahteen suuntaan;
aalto saapuu, lintu lähtee
tilanne vaihtuu
joku nousee toisen yli, näkee paremmin.

Pitäisi löytää merkki viivan takaa
nostaa se esiin,
mutta minne?

Istumme peitteellä
aurinko paistaa, oksat heiluvat
meri ei mahdu kuvaan.

Jotain on
juuri täällä, tässä hetkessä, nyt.

Sitä vain ei näe, se jää piiloon
haihtuu valkoiseen usvaan
imeytyy kehyksiin
nauru ja puhe peittävät sen.

Joskus siitä voi nähdä kulman.

Ei signeerausta.

Sen huomaa vasta kun astuu hiekkaan
uskaltaa tehdä ja tekee,
jättää jäljen.

Se on tässä, että tuntisin
maan kevyen hipaisun
repisin paperin ja kankaan
kuivaisin hiuksesi.

Kesäpäivä.

Valkoista utua kaislikossa
kala polskahtaa
vuohi mäkättää niityllä.

Täytyi lähteä soutamaan lahdelle
vaikka työ odottaa haluaa vaatii
kirja on vielä kesken.

Lyhyt heijastus.

Joku kulkee Tiirakiven takana
soittaa torvea, väistää karit
lähtee pois
jättää meidät rauhaan.

Tuijotamme tyyntä vettä
etsimme viestiä jota ei ole
siksi kyllästymme,
emme ymmärrä.

Haluaisin sanoa jotain
mutta mitään ei ole
                sanottavissa.

Istun hämärässä muurin päällä
ajattelen selvästi.
Näkökulma muuttuu, syvenee
metsästä löytyy uusia tapoja
kertoa totuus.

Meri on toista mieltä
se kiukuttelee kivien takana, sen kuulee.

Minäkin yritän maalata - sanoilla pieneen vihkoon
asioita joita tunnen
osaan erottaa;
puita lintuja hiekkaa ja aaltoja.

Se on vaikeaa.

On keskityttävä, jotta maisema pysyy koossa
ettei se muutu saarnaksi
anna väärää kuvaa.

Joku kuitenkin kysyy joskus,
miksi nuo merkit on tehty.

Pyöreä kallio
rantojen välinen metsä.

Aika on jo iltapäivää
vesi lämpenee lahdessa
ajatukset hautuvat
eivät pääse lentämään.

Meressä voi vain kahlata
kerätä simpukoita ja odottaa
että jotain osuu kohdalle
saa liikkeelle
herättää, purjeet kulkevat ohi
tuovat uutta.

Linnut laulavat yölläkin.

Nyt olisi aikaa
ottaa airot ja parempi pressu
varvastossut ja makuupussi
        katsella merta
jäädä nukkumaan veneeseen
        ruokotuulen alle.

Yksin.

Pihalla on hämärää
hepokatti raksuttaa pensaassa
mustaviinimarja tirskuu
putoaa, kasvattaa juuret.

Aurinko on jo laskenut
pimeys kiertelee, etsii paikkaa
tihenee omenapuun alla.

Pääskyset lentävät vielä.

Laatikot on tuotu sisään, kalat pakattu
vihta kuivuu kaiteella
padan vesi kiehuu loppuun.

Jokin rapisee vajan alla
lattia kylmenee.

Jos nyt sytyttää lyhdyn
istuu penkille ja juo oluen
niin voiko ajatella olevansa,
nyt?

Sumu tihenee
tuuli tyyntyy, vesi laskee
kala ei liiku.

Virta sotkee salmen pohjan
nostaa pintaan levää ja savea
rannalla makaa oksia
kotiloita toukkia rapuja ja ruohoa
jälkiä jostakin toisesta.

Osasin odottaa tätä jo viimeksi.

Silloin oli kevät, katselin kahlaavaa lintua
yritin ymmärtää mitä tapahtuu.
En enää muista, mikä oli linnun vastaus
ehkä se lensi pois.

Kysyinkö jotain?

Halusin vain tietää, olla varma
että joku muistaa
mitä kesät olivat ennen
kuinka vesi haihtui
mihin joutsenet lähtivät?

Heräät outoon meteliin;
ovet paukkuvat, raput kolisevat
kelloa soitetaan.

Nukkeja on karannut.

Kuuluu vihellyksiä, saaveja käännetään
lintuja suljetaan häkkeihin
lyhtyjä palaa koko yön.

Joku huutaa, katkoo oksia polulla
kaatuu lammikkoon.

Linkkimastossa vilkkuu punaisia valoja.

Rannasta kuuluu kikatusta
pieniä hahmoja juoksee pensaiden takana
puomi nousee, ramppi narisee
ne ovat jo ehtineet laiturille.

Helvetti sentään!

On pakko lähettää viesti kaupalle
kerätä kaikki liivit, hakea naarat.

Lähteä soutamaan pimeässä.

HM:lle

Terve,

olet varmaan jo kuullut, että F:llä on ollut ongelmia. Asukas on kirjoittanut tekstejä, jotka ovat päässeet Markukselta läpi.

On melko varmaa, että ne ovat päätyneet mantereelle ja että ainakin kolme ihmistä, mukaan lukien AP, on saanut niitä käsiinsä. AP on tunnettu (entinen) Turun Sanomien toimittaja, joka on kirjoittanut saastumisesta ja viranomaisten toimista kriittiseen sävyyn. Lisäksi kohde on ilmeisesti jo aiemmin kännipäissään todennut AP:lle, että hän on lähdössä "korkean tahon" järjestämään projektiin, josta hän "tuskin tulee terveenä takaisin." AP:n tiedetty purjehdusharrastus huomioiden on mahdollista, että hän on saanut tietoonsa koepaikan koordinaatit.

Mielestäni meidän ei tule ottaa tässä asiassa turhia riskejä.

AP:n tiedot varmasti löydät, ja saaressa voit toimia parhaaksi katsomallasi tavalla. Kohteella on siellä nainen ja kohde itsessään on ilmeisesti jo aika heikossa hapessa. Lisäksi heillä on mukanaan nukke, jota he tietojen mukaan kohtelevat kuin oikeaa lasta.

Terveisin
MP

Menen ajoiksi pois
vanavesi halkeaa, viitat heiluvat
ranta pakenee
laituri haihtuu sumuun.

Hetken olet vierasta ainetta
ainoa väri, hiuksesi muurin harjalla
keltainen nauha.

On katsottava mennyttä oikein
ettei se hajoa
jakaudu oikeaan ja väärään.

Äkkiä koen selvästi.

Jostain edestä kuuluu ääniä
ne lähenevät
mittarit näyttävät väärin
aika loppuu
minut hajotetaan palasiksi
ja sinua jää jäljelle.

Ymmärrämme:
paikka on virhe ajassa.

Mitä pitää kysyä
jos haluaa kulkea oikeaan suuntaan
ylittää kaikki aidat
oppia
päästä perille asioista
löytää tosien sanojen koti?

Pienille askelille torni on matka kuuhun.

Meillä ei enää ole aikaa
kuningas vei sen mukanaan
matkan kiireessä kireässä kiihkeässä rytmissä
se ei jaksanut
ulottunut mutkaista väylää karien ohi
tänne asti.

Silti kysyn:
    minne me olemme matkalla?

Seisot laiturilla
taulussasi on vasta yksi veto
    suora viiva
se jatkuu ikuisesti.

Suunta ja aika ovat menneet sekaisin.

Kotisatama on niin kaukana
ettet uskalla katsoa taaksesi, koilliseen
nousevaa aurinkoa
se kulkee aina saman reitin
laskee kertomatta mitään.

Hataraa olemista
kevyin perustein.

Saari odottaa
kalpenee
kesä on perhosen siipi
se lyö vielä kerran
aika tulee pitkäksi, käy vähiin
        loppuu
lahdella kiiltää lasinen silmä.

Tuuli on puhaltanut koko yön
lehdet kieppuvat
omenat kerääntyvät kasoihin
pitävät neuvoa, riitelevät.

Saunakamarin lattia narisee,
patavesi on kylmää.

Nouset aikaisin, tuuletat matot
haet maitoa kaupparannasta
peset ikkunat
viet tuolit verannalle,
päivällä ei tapahdu mitään.

Seinustalla on vielä lämmin.

Voi nukahtaa hetkeksi
muistaa kaupan portaat kesällä
punaisen peitteen
kynän ja paperit muurin päällä.

Halusitko silloin sanoa jotain
vai odotitko vain
että joku pysähtyisi,
kertoisi sinut?

Kevyttä usvaa
sileä kallio laiturin takana
aikainen aamu.

Ajatus vaeltaa
kiertelee outoja vesiä
kareja joita ei tunne
palaa takaisin
pysähtyy paikoilleen.

Mistään ei saa otetta.

Mikään tuuli ei osu tänne
vaikka meri on kaikkialla
aallot väistävät rantaa
pakenevat selälle.

Täällä on turha seisoskella
huutaa kylmään tuuleen.
Kyyhky palaa takaisin, pullo ei lähde
viesti jää kiertämään kehää
palautuu rantaan.

Halusin vain kokeilla, onko minulla ääni.

Oma.

Laituria jatketaan.

Vasara paukkuu koko päivän
pysähtyy vain kun naulat loppuvat
kurkiaura tulee, tai ikkuna avataan
huudetaan syömään.

Kalakeitossa on tuoretta tilliä.

Joku katsoo ulos ikkunasta
pudottaa lusikan.
Laituri näyttää oudolta,
se on siirtynyt merelle päin.

Epäillään, että savi liikkuu
paalut löystyvät
tai puu on sahattu väärään aikaan
syksyllä, kun kaikki on jo irti
lähdössä pois.

Laituri puretaan,
laudat viedään takaisin vajaan.

Siihen ei voi luottaa, kiinnittää mitään.

Siitä pitäisi tehdä lautta.

Aika lyhenee, aallot pidentyvät
maston vaijeri kiristyy.

Selällä kulkee kylmiä juovia.

Päivissä on villaa, karkeita karvoja
nurkissa rapisee
tomaatit ikkunalla palelevat
eivät ehdi kypsyä.

Laitat tölkkiin kynttilän
liekki heiluu lepattaa
lävistää ikkunan, karkaa pihamaalle
valaisee piikkiset pensaat
kiiltomadot syttyvät
puu taipuu maahan
oksassa on vielä yksi lehti.

Omenaviinin kirpeys.

Lasi kaatuu, viini valuu pöydälle
avaat kirjan ja huomaat
että se on tyhjä,
sitä ei vielä ole koettu.

Tulit käymään verannalla
täysissä pukeissa
kysyit pitääkö vene peittää
  vastasin ei,
huomista ei tule.

Omenapuu on kuivunut.

Täytät vesiämpärin, kannat pihalle
laitat sen puun alle.
Linnunpoikanen hyppää pesästä
hukkuu siihen.

Kaikki on mahdollista
mitään ei voi unohtaa, lukea pois.

Jotain tapahtuu.

Tiiran nokassa on kultainen sormus
se kiiltää auringossa, putoaa
ahven huomaa sen ennen pohjaa
nielaisee sen.

Huomenna se on lautasellasi.

Aallot kasvavat
täyttävät lahden suun.

Olisi hyvä tietää, millä äänellä meri puhuu
mitä se aikoo
kun lattialle putoaa astioita
ja nurkat vinkuvat tuulessa.

Tyynissä kohdissa on hiljaista tilaa,
se ei kerro mitään.

Pitäisi ajatella oma aalto, seurata sitä
vaieta
kysyä oikeassa kohdassa, antaa periksi
laskea uudestaan
mutta on pakko valita tämä tila
nämä ehdot
tarttua siihen aaltoon
joka jo murtui tähän kiveen.

Huudat keittiössä.

Kaikki on sekaisin
ja myrsky on tulossa.

Selältä kuuluu kohinaa
se lähestyy, nousee
pilviä putoaa sen tieltä.

Veneet nostetaan rantaan
patoja vahvistetaan, saaveja tyhjennetään.
Tarvitaan korkeutta, että syvyys riittää.

Mihin kaikki mahtuu?

Aitaukset puretaan
karkulaiset kerätään, nostetaan ruohikolle
osa jätetään sitomatta.
Poiju heiluu jo,
rannalla on epäileviä hahmoja.

Nurkat natisevat, vaikka ei tuule.

Jos nyt ei näe, että meri hakee omiaan
vaan jää odottamaan pelastajaa
    tai etuilee jonossa;

    on sokea
tai uskoo väärään jumalaan
    lähtee ensimmäisenä.

Jos katsoo merelle oikeaan aikaan
niin näkee mitä tulee
miten yksi muuttuu toiseksi
mikä on aalto.

Näennäinen liike.

Jos se pysähtyisi
ja ehtisit tutkia sen pehmeää pohjaa
voisi paljastua toinen aika
pieniä eroja
rajoja joita ei voi ylittää.

Turhia haluja
pysyä kiinni jossakin.

Jokainen liike on pelko
aalto tai vene
yritys päästä irti tuskasta
tuuleen ja tuulesta pois.

Haluat kotiin!

Sateen jälkeen meri herää,
muistaa sinut.

Olet höyryävä huone, tila kasvattaa uudet lehdet
peittämään sirpaleet
eilisen myrskyn jäljet

Siivoamme rannan, löydämme kalliosta raon
istutamme omenapuun
haluamme nähdä valkoisia kukkia
oppia antamaan anteeksi
kaikki virheet.

Se kestää kauan,
   en osaa sanoa, kuinka.

Puu juurtuu, kasvaa kumaraan.

Syksyllä se huutaa mustaa ikävää
syyttää minua,
   en osaa kertoa, mistä.

Lahdella on monta venettä
ringissä luodon ympärillä
kuuluu huutoja
on löytynyt outo poiju.

Sitä nostetaan vinssillä hiekkaproomuun
köysi kiertyy akselille
tärisee pingottuu, pysyy suorana
kerää levää ja ruohoa.

Sitä on nostettu 90 metriä, 110, 120, 130 ...
jokin vetää sitä suoraan alaspäin
ratas kitisee
vesi on mustaa peltiä
mitään ei näy.

Luodolle on kivenheitto.

Voi vain odottaa
että totuus paljastuu, nousee esiin
tai kuluu loppuun
jää riippumaan jostakin
johon kukaan ei uskalla koskea
ettei se katkea,
    tule silmille.

Heti kun tuuli alkaa laantua
vie pilvet
soudat lahden suulle
uuteen kirkkaaseen kylmään valoon
katsot itään ja länteen.

Missään ei ole mitään.

Jos jotain näkyisi
lähettäisitkö viestin
vai lähtisitkö itse kulkemaan
saman polun uudestaan?

Vaikeita kysymyksiä.

Jos vesi laskisi
ja paljastaisi syntiä tehneet kivet
antaisiko maa anteeksi
pysyisikö se paikallaan?

Liian vaikeita.

Kuljemme mutaista rantaa
ruovikko kahisee
lyhty jää kallion taakse
ilta pimenee
meren ainoa valo on kaukainen poiju.

Heikko ajatus jostakin
toisesta.

Tässä kohdassa on keltaista hiekkaa
pitkiä juovia pohjassa
ne syntyvät jatkuvat häviävät jonnekin
kotilot kaivertavat uusia
kaikkiin suuntiin.

Pieni liike
kahahdus pensaassa.

Joku päätti tehdä jotain
taivutti oksaa, pudotti lehden
ei vilkuillut sivuilleen.

Se oli se lintu, joka lähti viimeisenä.

Ilma kylmenee
neulaset satavat pihalle
tuuli käy lahdelta, heikkenee
polulla kulkee joku.

Hiljaisia askeleita
joiden suuntaa ei tiedä
tai meri tahtoo peittää jäljet
joita se ei halua
enää syntyvän.

Alamme kuulla outoja sanoja.

Iltaisin ranta kaikuu
mutta mitään ei näy,
selällä kuiskutellaan
vaikka siellä ei ole ketään.

Jokin polskahtaa ruovikossa,
lintu vai kala?

Meri muuttuu
kalpenee, linjataulu hapertuu
aurinko ei enää näy makasiinin takaa
metsä hiljenee
koivun oksa on kuiva tikku.

Heinälampi jäätyy.

Ajatus liikkuu kankeasti
selaa vanhoja lehtiä, tyhjiä sivuja
yrittää löytää jotain
eksyy toiseen huoneeseen
siellä on pimeää, avaat verhot
joku kulkee salmella
vilkuttaa meille veneestä
tuttu tai vieras
haluaa jättää terveiset
kaikille puille
päästä pois ennen iltaa.

Poiju kiiltää auringossa,
muuttajat lähtevät.

Istumme keittiössä, molemmat
sade valuu ränneissä
tai lämminvesiboileri pulputtaa.
Haet kalapurkin, vilkuilet ikkunaa
mitään ei voi tietää varmasti
talossa on liikaa lasia.

Avaat kannen
sireeni huutaa lahdella
sillinpala haarukassa kuulee, alkaa puhua
joku vilahtaa ikkunassa.

Mietimme mitä tapahtuu,
jos totuus alkaa paljastua.

Kätket kaikki peilit.

Pitää olla varovainen;
jos putoaa pois kuvasta
jää kellumaan sameaan seinään
liukenee itseensä
kunnes on hävinnyt kokonaan.

Suljemme ikkunan,
luotamme sen vielä pitävän.

VIRANOMAISILLE 12.lokakuuta kuluvana vuonna.

Pyynnöstä todistan, että olen sopimuksen mukaisesti kesän seurannut Friskärin asukkaita. Sekä veneestä kiikarilla että myös käynyt saaressa neljä kertaa silakoita hakemassa. Lisäksi olen ollut kaksi viikkoa tekemässä saaren uutta laituria muun työporukan kanssa. Havainnoistani olen pitänyt päiväkirjaa.

Koko ajan on saaressa ollut rauhallista ja työtä on tehty ahkeraan, joskin viimesinä viikkoina kyllä vähemmän. Olen huomannut laiturilla viinapulloja ja isännän usein istuskelemassa ja ilmeisesti kirjoittamassa jotain. Tänä aikana ei ole laskettu verkkoja eikä koettu tosin on kalantulo muutoinkin ollut heikkoa. Tätä on jatkunut monta päivää ja viikkojakin.

Laituriremontissa havaitsin, että paikat ovat siistit. Ruoka oli hyvää kalasoppaa, ahventa ja tilliä ei maitoa. Tuvassa kaikki oli siistiä ja asukkaat vaikuttivat terveiltä, paitsi isäntä jonka huomasin muutaman kerran ottavan tukea kaiteesta. Ei ollut silloin ottanut viinaa, sen tiedän. Emäntä oli mukava ja jutteli vilkkaasti.

Kummallisena pidän kyllä sitä, että joskus pitivät punaseen puseroon puettua nukkea penkillä ja puhuivat sille kuin oikealle lapselle. Kerran näin sen takapihalla vaunussa jossa oli sinisiä kukkasia ja petivaatteet.

Yhteenvetona voin sanoa että kaikki näytti olevan hyvin, kun ei tommosessa paikassa olisi hyvinäkään aikoina ollut helppo elää.

Paraisilla
kunnioittavasti

Brynolf Wikström, kalastaja

Joskus kiipeän matalaan mäntyyn
ja katson merta.

Vettä on niin paljon
että kaikki hukkuu horisonttiin
jää näkemättä.

On pakko tyytyä tähän hetkeen
siihen mitä hakee.

Hanhet tulevat, ne lentävät korkealla
jättävät liikaa tilaa ymmärtää
mitenkään ei voi erottaa totuutta
yhtä aietta muista.

Monia mahdollisia.

Jos me nyt lähdemme
olemmeko käyttäneet kaikki sanat
voimmeko haudata valheet
olla sujut?

Haluat etelään!

Ensin aurinko kirkastuu
ilma kylmenee
sitten sataa kolme päivää
vesi nousee
kaislikko heiluu tuulessa.

Aika lyhenee
päivä puristuu karien väliin
tuuli kääntyy luoteeseen
ojat jäätyvät.

Ranta hiljenee.

Hiekassa on jälkiä
joku on sitonut veneen paaluun
savustanut kampelaa
sumppu on täynnä olutpulloja
laiturilla lojuu paketti.

Sumu tihenee.

Koska lähtevät kaikki ne,
joille tämä ei käy?

Marraskuun ilta lahdella
lasken viimeistä rysää.

Aitaverkko juonittelee
se ei pidä, pysy suorana
jokin vetää sitä kohti selkää
painaa polat upoksiin
heiluttaa keppejä kiven takana
solmut ratkeilevat.

Katson niin pitkälle kuin näen.

Taivaanranta huojuu, värisee
vedessä on tummia kohtia
soudan sillalle asti.

Vene liikkuu raskaasti
siihen on tarttunut kirkkaita tähtiä
ne värjäävät vanaveden keltaiseksi
loistavat loppuun saakka.

Et voi odottaa
että palaisin aina takaisin
kertoisin kaiken uudestaan
    samat valheet.

On tuullut jo kaksi viikkoa.

Verkot hapertuvat
puu lahoaa, lasikuitu pehmenee
rantavaja kallistuu outoon kulmaan
moottorit ruostuvat
avaimet unohtuvat taskuihin.

Mistään ei voi nähdä
mitä on tulossa.

Toisinaan voi kuulla keltaista ritinää
kun tyrnimarja kypsyy
putoaa kalliolle pensaan juureen.

Kivet kohisevat.

Lahden toisella puolella viittoo joku
huutaa jotain
kun sinne ajaa, siellä ei ole ketään
laituri keinuu
köydet vinkuvat tuulessa.

Voisi ajatella
kaikki oli nyt
tässä.

Avaan oven varovasti;
joku on käynyt vajassa
lukenut jotain kirjaa
maannut yön ohuella patjalla
katsellut mustaan yöhön
ollut yötä.

En tiedä, mitä meri tekee
mitä se aikoo.

Sataa repaleista höytyvää
se tarttuu puiden oksiin
liukastaa polut
lasissa on pitkiä noroja
sanoja ei löydy.

Postivene on myöhässä.

Joku ajaa salmen suulle
lähenee, huutaa
pysähtyy valopoijun nurkalle
laskee ankkurin
nostaa sen ja lähtee.

Ehkä se löytyi nyt,
    totuus.

Kylmän poutapäivän jälkeen
voi seistä rappusilla
nojata kaiteeseen ja huomata
että aika on kulunut
mennyt ohi.

Ei, se ei ole totta.

Jos aika alkaisi kulua, se pian tylstyisi
eikä voisi muistuttaa sinua
kuin peili
viiltää kasvoihisi naarmuja
jokaisena aamuna muutama lisää
hitaasti
ja sitten

ei mitään.

Nostan pikkuveneen
vien airot puun alle.

Meri on muuttunut;
sen tuntee kun törmää aaltoon
laskee ankkurin
pesee verkkoja saavissa.

Kaikki hidastuu.

Vesi on raskasta, sitkeää
se ei enää jaksa kiivetä rannoille
huuhtoa särmikkäitä kiviä
pyöriä vastapäivään.

Päivisin se nukkuu kallion takana.

On oltava varovainen;
jos sen vahingossa herättää
joutuu kokemaan kaiken uudestaan
vaikka haluaisi jäädä
pohtimaann sitä.

On joulukuu
kymmenen lämpöastetta ja tuuli
etelälounaasta.

Raskaita pilviä sillan takana.

Aallot kasvavat
laituri natisee, painuu vinoon
vesi kiehuu portailla
nousee ylimpään askelmaan
peittää viilarit.

Verkkoja kerätään
ovet suljetaan
puita pinotaan seinävierille
vajan alla vilahtaa jotain.

Pian on vain tyhjää.

Me vain olemme täällä.

Kuiva sumu, valkoiset kivet.

Lahden vesi sirisee
jos se on huomenna ehjä
kirkas pinta
niin kaikki muuttuu
kaikuu
pienikin liike kantaa pitkälle
selkäluodolle ja kauemmas.

Kivellä istuu tiira.

Kun tulen toisiin ajatuksiin
se on poissa.

Mitään ei näy, mitään ei heijastu
taivas ja meri ovat yhtä tyhjät.
Silti jokin liikkuu
airo kolisee laiturin takana
rannassa kohahtaa
mieleen tulee outoja sanoja.

Yöllä voi syntyä koko kirja.

Me halusimme

lähteä etsimään uutta kotia
löytää totuuden
kiivetä torniin katsomaan lintuja
istuttaa omenapuun
maalata taulun, kirjoittaa kirjan
olla alku
multaa kivien välissä.

Me yritimme opettaa toisemme lentämään.

Me kuljimme suoraan
harmaata suurta yhteistä tilaa
mustan ja valkoisen välissä
väkevästi, haluten, mutta sitten

äkkiä

kivet rannasta ulos

kauas selälle

kulkevat viimeiset askeleet

loppuivat.

MERI

Istun keittiön tuolissa
ikkunalla piikikäs vanhapoika
viimekesäinen lehti
korttipakan musta rouva.

Kuuntelen merisään.

Rannikon edustalla on ensin rikkoontunutta
ja sitten hyvin tiheää aavelevää
linjalle Hanko – Vuosnainen.

Ulompana on levän ja kemiallisten aineiden lauttoja
enimmillään n. ½ metrin syvyydeltä.

Rikkivety on paikoin noussut pintaan ja kaasuuntunut.

Perämeren pohjukassa on kapea kaistale hapekasta vettä.

Aluksen, joka on matkalla suomalaiseen satamaan
on ennen Utön tarkastuspistettä tehtävä ilmoitus
puhdistustoimia varten.

Avotulen teko ja tupakointi on kielletty
linjan Hiittinen – Jurmo eteläpuolella.

Hitaasti, vältellen
kello ylittää tutut viivat
miettii kuljettua matkaa
seuraavaa liikettä.

On monia aikeita palata takaisin.

Aamuisin vesi täytyy herättää
muistamaan yleiset ehdot
yöllä se on rikkonut sopivan rajat
punaisen maljakon lasin.

Merellä seuraukset ovat vakavampia:
laivat myöhästelevät
linjataulu kääntyy, vaihtaa paikkaansa
pieniä veneitä häviää.

Sumu tihenee,
ahvenruohon lenkki kiristyy.

Sinulle kaikki on helpompaa.

Puhdistat verkkoja, kätesi vapauttavat
et tunne veden kylmyyttä
kaipaa rautaista lenkkiä
kahletta jalkaasi.

Olet mennyttä.

Kannat kaninpoikaset laiturille
viimeiset hyväilyt.

Odotan sitä hetkeä, luojaa joka tulee
antaa minulle nuo kädet
   sinulle siivet.

Pitäisi lähteä.

Tilanne toistuu muuttuu pahenee
selitys ontuu
on löydettävä toinen syy
hiottava veneen rokkoinen pohja
toiseen ja kolmanteen kertaan.

Odotamme valkoista laivaa,
sitä ei näy.

Illalla meri kuiskaa, ilkkuu
se on paennut 0,02 mm
lyhyt vapaus
        taas hiukan kauempana.

Vieras joka kulki ohi.

Tänään, huomenna kukaan ei ehdi, ei halua
pysähtyä salmelle, sanoa meille suoraan.

Vain tuuli vasten kasvoja.

        Totuus.

Leppälastu palaa
kannesta nousee savua
se kiertää pyörii pakenee
liukenee sumuun.

Ilma ei kanna ääniä.

Rannalla on merkkejä
toisesta ajasta
ruohoa kotiloita lintujen jälkiä;
ne olivat ystäviä, joskus.

Nyt pimenee, viimein
niemessä vilkkuu valo
sen ympärillä on mustaa
raskaita ajatuksia, kaikkia värejä
hitaita lähtemisiä
eroja kaikkiin suuntiin.

Saari on autio.

Pian saamme tietää
miltä tuntuu
kun silmä alkaa kuulla
      outoja sanoja
keskellä merta.

Huomaan niitä jokaisena aamuna.

Kuvioita hiekassa
kuorittuja oksia, kaiverruksia rungoissa
valomastoon maalattuja merkkejä.

Ne ovat niin korkealla, ettei niitä ylety katsomaan
tai niin heikkoja, ettei niistä saa selvää

Lintu lentää, katoaa jonnekin
yöllä se ehkä laulaa vajan katolla
tuuliviiri putoaa
rantaan kertyy outoja tavaroita
maitotonkka häviää laiturilta.

Joku haluaa meiltä jotain.

Sitovan lupauksen
jonkun sanan, pienen eleen
luvan lähteä jostain
    tulla tänne.

Meillä on vielä hetki aikaa nousta
45 porrasta
katsomaan kun kaikki päättyy
sovussa ja hiljaa.

Se tulee pian.

Etelästä, pitkin syvännettä
kohti rantaa
saarten takana meri kuplii

huutaa

matala tasoittaa kirkuvat massat
oudot värit kaislikossa
tapaavat toisensa, muuttuvat toisiksi
loistavat vielä hetken

kunnes

sammuvat.

Se tulee NYT,
salmi kuohuu, luovuttaa
ankkurit lasketaan
ne haudataan pehmeään mutaan
pultataan kiviseen pohjaan.

Me emme uskoneet.

Näemme veden epäilevän
keltaiset pisarat
kun meri pakenee pilveen, laimenee
katuu ja tulee takaisin

Niin käy seitsemän kertaa.

Totuus ei pala tulessa, se jäätyy auringossa
massat liukuvat veteen
virta pysähtyy.

Hiljaisuus on haahkanmuna lautasella.

Pöydälläsi, nyt.

Jonakin aamuna taivas selkenee
neulaset putoavat maahan
sade taukoaa
pilvet hapertuvat jalkoihimme
maa on höyryävä vati.

Tuuli ja aurinko polttavat levän
vesi kirkastuu peiliksi.

Mustaksi.

Kaukana Friskärin selällä
kuninkaiden jonot kulkevat pohjoiseen
jossain on vielä aukko
            vaaleansininen
pala
            taivasta.

Pysähdyt katsomaan värejä
saat puhelun.
Mietit vain lyhyen hetken,
meri pysyy tyynenä.

Teet nopean päätöksen:
me jäämme.

Onnellisten saaressa lukitaan ovet
juhlat loppuvat
naamarit nostetaan kasvoille
pullot täytetään
veneiden pohjat ruiskutetaan teflonilla.

Aurinko on jo laskenut
aironveto loistaa sinisenä lamppuna.

Alexandrium ostenfeldii.

Pimeää valoa, äänetöntä huutoa
terasseilla outoja kulkijoita
näkymätön tunnustelee tietä uuteen pöytään
etsii avaimia mattojen alta.

Kemiallinen kliimaksi
ääretön tila täynnä pimeää ainetta.

Meri pisarassa.

Ikkunat peitetään, lyhdyt sammutetaan.

Me emme halua nähdä niitä
jotka tulevat olemaan maailman valo
         meidän jälkeemme.

Aurinko laskee
lyhty palaa verannalla.

Ohi kulkee pitkiä laivoja
niiden mastoissa on outoja lippuja
selältä kuuluu huutoja
raketteja ammutaan.

Kalliolle sytytetään nuotioita
kirveitä teroitetaan
köysiä vaihdetaan uusiin.

Pirstottuja veneitä laitureissa.

Huomenna on viimeinen päivä
tehdä päätös
kulkea rannalla, vaihtaa ajatuksia
muuttaa mieltään.

Purjehtia pois, soutaa takaisin?

Jäädä ...

On vielä päiviä
kirkkaita ja uusia kosteissa aamuissa
hiuksesi kuivuvat tuulessa
väylä on auki ilta kahdeksaan.

Aurinko lämmittää eteläistä porttia
olemisen ehjää puolta.

Ikkunoissa näkyy valoja
hiljaista liikettä tyynessä illassa
mökkejä vuorataan alumiinilla
saunoja lämmitetään
niissä poltetaan viimetalvista jäätä
se palaa sinisellä liekillä
nopeasti loppuun.

Viimeinen yhteinen kahvi
kylmällä terassilla
vanhojen valokuvien jono
raidallisella matolla.

Vesi on jo laitureilla.

Ovet lukitaan, lintutorni kaadetaan
syysmuutto alkaa.

PROBSEC HC.14 SALASSA PIDETTÄVÄ ASIAKIRJA

LAUSUNTO

FRISKÄR II /KOHDE C22.21

Kohde oleskellut Friskär II suoja-alueella yhdessä kohteen C22.22 kanssa yhteensä 313 päivää. Mukana myös kohde CD22.spc erityis-luvalla. Tänä aikana tapahtunut merkittävää veden laadun heikke-nemistä, yleishälytykset annettu 2.10 ja 11.11. Viimeisen viikon keskilämpötila +2 C°, vedenkorkeus +120 cm, ilmanpaine 998 hPa, H2S = 0,22 mg/l.

Fys. c. seurantataso AII, laboratorionäytteet otettu kohteen nukku-essa.

Tutkimus	Tulos	RA Viitearvot	Tilaaja
P-ALAT	16 U/l	10-70/Miehet, alkaen 18 v	PROBSEC
P-ASAT	11 * U/l	15-45/Miehet, alkaen 18 v	PROBSEC
P-AFOS	59 U/l	35-105/Aikuiset, yli 18 v	PROBSEC
P-GT	35 U/l	15-115/Miehet, alkaen 40 v	PROBSEC
P-Bil	32 * umol/l	5-25 /Alkaen 1kk	PROBSEC
P-Bil-Kj	9 * umol/l	0-5 /KAIKKI	PROBSEC

Tulokset viittaavat maksan vajaatoimintaan ja voimakkaaseen myrkkyaltistukseen. Kameraseurannan mukaan jäsenten tärinää, houreita ja kouristuksia. Ajoittaista tajunnan tason laskua, sopien em. kuvaan.

SUOSITUS: Seurataan viikoittain. Katkaistaan pilvipalvelut ja sähköinen viestintä, tarkastetaan lähtevä posti. Lasketaan kohteen suojaluokitusta tasolle III / ei oikeutta kokeen keskeyttämiseen eikä hätäevakuointiin.

Roni Assad
ylilääkäri

Aamulla totuus naulataan ohimoosi
avaat silmäsi makuukopin valkoiseen oveen
valo pakenee
meri tulee sisään
näet vanhoja unia, uusia kuvia
tuttuja asioita pinnalla
syvemmällä on jotain muuta.

Lahti kohisee
linnut kääntyvät takaisin
ne huutavat
niiden varjot eivät näy vedessä.

Tuuli nousee
pisaroita on jo ilmassa.

Vesi sataa ylöspäin.

Meri mustuu.

Nouset avaamaan verhot
katsot ympärillesi, puut seuraavat
ne odottavat kun irrotat kätesi kirveestä
avaavat lehtensä uudestaan.

Menet takaisin nukkumaan.

Aurinko värisee
saksitoksiini sulkee silmäsi
näet ennen syntymääsi nousseet aallot.

Terassilla nukkesi itkee
pissaa vaunuihinsa
itkee, itkee, itkee,
sen jalat sulavat.

Simpukat nauravat aamiaispöydässä.

Hiljaisuus.

Et enää näe kelloa tornissa
kuule taukojen vaihtuvan
ajan kuluvan loppuun.

Seisot laiturilla, odotat
silmissäsi punaisen jumalan kuva
keskeltä katkennut lause
3900 t ohikulkevaa metallia
matkalla toiseen maahan.

Laskit, et kertonut.
Luulit, että yksinkertainen on kaunista.
Hylkäsit numerot, luotit sanoihin, kerroit.

Pakenit.

Annoin sinulle tilaa, kaikki antoivat
kirjoitit kirjan.

Se sai täyden huomion.

Vaimeat aplodit yrityksellesi
verovapaiden kansalaisten veltot hymyt
tyhjälle ruumiillesi.

Kuningas on matkalla kotiin
uuteen maahan
laiva on lastattu viinalla
metyyliprednisolonilla ja hapella.

Pullot avataan
suonet haetaan esiin
4 x 80 mg
tuuli tyyntyy
kaiuttimista soi "Titanic"
aurinko laskee
lapset suljetaan ruumaan.

Voitonmalja vanhuksille.

Kaiteella nukkesi vilkuttaa
se uskoo löytävänsä uudet jalat
uuden äidin
perivänsä kuningattaren vaatteet.

Tanssivansa tuntia myöhempään yöhön
juovansa punaisen viinin.

Näinä aikoina kirjoitetaan paljon.

Sanat raiskataan
ne nostetaan teräksisille pöydille
niitä tutkitaan
ne häpäistään väitöskirjojen sivuilla.

Sinut nimitetään narriksi
tekemään valintoja, olemaan kriittinen
pyyhkimään huonosti valitut sanat
yhteisestä muistista.

Joka ilta kello 19.35 sähköpostiisi saapuu sama viesti:

Rakkain Herrassa vetoan ihmisyys
olen meri Baltica
pakko kirjoittaa apu humanitaarinen
pitkäaikais sairaus syöpä todettu
parantumaton
hoito kustannus 235.000.000,02 euro
shekki tai pankkisiirto, pyydän olkaa

ihminen.

Kierrämme saaren toiseen päähän
haluamme tavata jonkun joka tietää
tuntee upotetut poijut, kadonneet viitat
omat jälkensä.

Ketään ei näy.

Pohjoista tuulta
viiri pyörii, suunta kääntyy
tulemme sinne mistä lähdimme.

Tyhjennämme säkit mereen
avaamme häkit.

Enää ei kannata kirjoittaa
lähettää viestejä lintujen jaloissa
vilkuttaa ikkunasta
pultata knaapeja laitureihin.

Olemme yksin.

Saari hiljenee
poiju kääntyy kyljelleen
häipyy sumuun.

Puhelimet on suljettu
lauttarannalta ei vastata merkkeihin
postivene on käännetty nurin
päätös tehty.

Alue välillä nyt – tuleva julistettu kuolleeksi.

Tästä päätöksestä ei voi valittaa.

Älä vastaa tähän viestiin.

Tähän päätökseen ei voi hakea muutosta
valittamalla.

Noreply@meri.

Kaikki ei lopu.

Jonakin päivänä joku vastaa
pystyttää uudet merkit
haluaa tietää lähtemisen rajat
olla enemmän.

Aikataulu muuttuu
uusi kuningas tulee
hän lupaa kertoa todelliset ehdot
hän nauraa
        kritisoi
huvittaa narria sanoillaan.

Joku kuitenkin epäilee
haluaa tietää kuka vastaa
vaatii narria itkemään
kuningasta tilille sanoistaan.

Hänet karkotetaan toiseen maahan
kirjoittamaan totuuden pitkä historia
olemaan turha.

Täytyy olla vaikeaa

laskea verkkonsa meren kuolleeseen kohtuun
nostaa esille uudet totuudet
kohdata oudot muodot
toisen elämän julmat ja nälkäiset silmät.

Pitäisi osata olla
varoa sanojaan,
huvittua.

Kukaan ei naura
kun polulla kulkee muurahaisia.

Ne valitsivat pitkän tien
kiersivät kaikki valheet
jättivät sinut mittaamaan jälkien lyhyyttä
etsimään totuutta.

Aika on matka, se päättyy.

Soudamme lahden syvälle puolelle
kokemaan viimeiset pyydykset
ne on jo nostettu, kalat levitetty ruohikkoon
niiden kyljissä on pieniä hampaanjälkiä.

Tuuli yltyy
sataa keltaista vettä
pintaan nousee säriseviä rihmoja
ne kulkevat kohti selkää.

Ilma kylmenee.

Lahden suulla on vielä jotain;
ohut keppi
yksinäinen verkkoviitta tuulessa
sen päässä liehuu haalistunut lippu
nukkesi punainen mekko.

Pilvet haihtuvat, pintajännitys katoaa.

Onko jotain vielä,
onko meillä koskaan ollut
mitään sanottavaa?

Toinen aika
toisaalla
kaikesta on jo hetki
istumme sileällä kalliolla
kahdestaan.

Täällä meillä on aikaa
häilyä ja odottaa
kutittaa pitkin kuivin lasisin käsin
malvaa ja kissankäpälää.

Vielä ei näy mitään
joka voisi olla alku
uusi matka
valkoinen laiva,
kuningas matkalla totuuteen.

Kevyt väre?

Vain pieni aalto
tilaisuus joka jo meni
kulki ohi.

Jonakin aamuna se tapahtuu
pieni virhe;
jotain osuu kohdalle
herättää
täyttää muotin ja me synnymme.

Kaikki alkaa alusta.

Olet kaunis
keltainen nauha hiuksissasi
kuljen vierelläsi
minulla ei vieläkään ole sanoja
vain valkoiset siivet.

Nyt se on selvää.

Meitä ei tälläkään kertaa

tässäkään elämässä

luotu toisillemme.

PROBSEC BE.120 SALASSA PIDETTÄVÄ ASIAKIRJA

VALVONTARAPORTTI   A187

FRISKÄR II /KOHDE C22.21 /C22.22 /CD22.spc

Vartiovene VL2 kiinnitti 18.12. klo 18.15 ohiajollaan Friskäristä huomiota siihen, että rantalaiturin ja piha-alueen valot olivat sammuksissa. Allekirjoittanut nousi maihin yhdessä alik. Myllysen kanssa ja totesi, että saaren yhteysvene Ahvena oli normaalisti kiinnitettynä laituriin. Asuinrakennuksen ovi oli auki ja lukitsematta. Rakennuksessa ei ollut ketään, eikä siellä ollut merkkejä asukkaiden poistumisesta tai mitään muutakaan epätavallista. Rantarakennuksessa ei myöskään ollut ketään. Linnut olivat häkeissään yhtä lukuun ottamatta.

Tutkimme koko saaren havaitsematta mitään merkkiä asukkaista. Laiturin pelastusrengas oli paikallaan ja käyttämättä. Yritimme ottaa yhteyttä puhelimeen C22.b mutta yhteyttä ei muodostunut. Tutkassa ei ole näkynyt pintaliikennettä viimeisen valvontakäynnin jälkeen. Totesimme, ettei paikalla ole tehtävissä mitään ja poistuimme klo 19.25.

Lämpötila + 8 C° , tuuli lännestä 3 m/s, ilmanpaine 1012 hPa, vedenkorkeus + 130 cm, H2S = 0,37 mg/l.
Ei vesiliikennettä.

Ltn Markus Holmberg
VL 2

Syytteet Saarijutussa kumottiin

Lounais-Suomen Sanomat

Korkein hallinto-oikeus antoi eilen päätöksensä ns. Saarijutussa. Kolmea valtion korkeaa virkamiestä syytettiin mm. virkavirheestä ja kuolemantuottamuksesta. KHO vapautti vastaajat kaikista syytteistä.

Lehtitoimittajan nostamat syytteet liittyivät PROBSEC (Prosessing Baltic Sea Environmental Crisis) –hankkeeseen, jonka yhteydessä viranomaisten epäilltiin mm. tehneen laittomia kokeita asuttamalla ihmisiä vakavasti saastuneelle alueelle ja seuraamalla luvatta heidän toimiaan ja terveydentilaansa.

Poikkeusvaltuuksin toimivaa PROBSEC –hanketta on aiemminkin arvosteltu ja sen menetelmiä moitittu epäeettisiksi. Koehenkilöiksi on väitteiden mukaan valittu sosiaalisesti syrjäytyneitä kansalaisia joita on painostettu toimimaan viranomaisten tahdon mukaan samalla kun heidän omaa päätäntävaltaansa ja liikkumistaan on rajoitettu.

Projektin läpinäkyvyyttä on haitannut se, että väitetyt kokeet ovat tapahtuneet alueella, jonne pääsy on EU:n poikkeustiladirektiivin nojalla kielletty.

Suurin osa epäselvyyksistä on liitetty Paraisten eteläisessä saaristossa sijaitsevaan Friskär – nimiseen saareen. Kaksi saaressa asunutta ihmistä on virallisesti ilmoitettu kadonneiksi sen jälkeen kun alue Paraisten eteläpuolelta evakuoitiin.

KHO:n mukaan mielenterveys- ja alkoholiongelmista kärsineen pariskunnan katoaminen ei kuitenkaan liity PROBSEC:n toimintaan. Päätöksen mukaan Saaristomeren alueella vielä asuvat ihmiset ovat siellä omasta tahdostaan ja tietoisia terveysriskeistä.

Saaren asukkaista on kirjoitettu myös kirja, mutta LSS ei eilen tavoittanut kirjailija Kari Kaukokaria.

Punainen alue on hapetonta ja sisältää rikkivetyä.

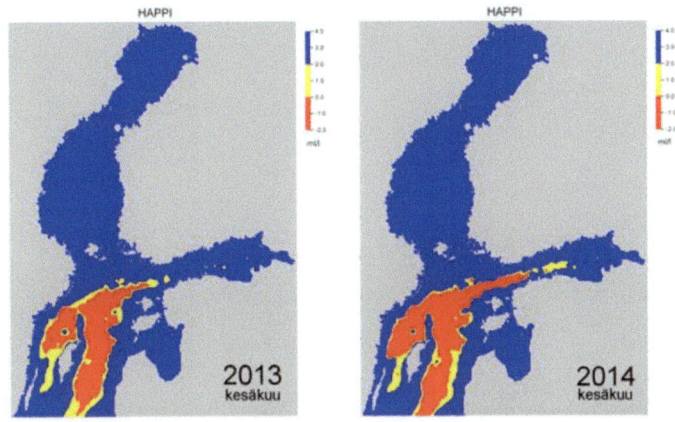

H_2S
Divetysulfidi (rikkivety)

R12   Erittäin helposti syttyvää.
R26   Tappavaa hengitettynä.
R50   Erittäin myrkyllistä vesieliöille

S1/2   Säilytettävä lukitussa tilassa ja lasten ulottumattomissa
S9   Säilytettävä paikassa, jossa on hyvä ilmanvaihto
S16   Eristettävä sytytyslähteistä - tupakointi kielletty
S36   Käytettävä sopivaa suojavaatetusta

kari.kaukokari@gmail.com